W9-CZY-273

El Águila Calva

por Judith Jango-Cohen

ediciones Lerner • Minneapolis

Para mi amiga Joyce Josephson,
cuya voz vuela cuando canta

Traducción al español: copyright © 2006 por ediciones Lerner
Título original: *The Bald Eagle*
Texto: copyright © 2003 por Judith Jango-Cohen

Todos los derechos reservados. Protegido por las leyes de derechos de autor internacionales. Se prohíbe la reproducción, almacenamiento en sistemas de recuperación de información y transmisión de este libro, ya sea de manera total o parcial, de cualquier forma y por cualquier medio, ya sea electrónico, mecánico, de fotocopiado, de grabación o de otro tipo, sin la autorización previa por escrito de Lerner Publishing Group, excepto por la inclusión de citas breves en una reseña con reconocimiento de la fuente.

La edición en español fue realizada por un equipo de traductores nativos de español de translations.com, empresa mundial dedicada a la traducción.

ediciones Lerner
Una división de Lerner Publishing Group
241 First Avenue North
Minneapolis, MN 55401 EUA

Dirección de Internet: www.lernerbooks.com

Las palabras en **negrita** están explicadas en un glosario en la página 31.

Library of Congress Cataloging-in-Publication Data

Jango-Cohen, Judith.
    [Bald eagle. Spanish]
    El águila calva / por Judith Jango-Cohen.
      p. cm. — (Libros para avanzar)
    ISBN-13: 978-0-8225-3135-7 (pbk. : alk. paper)
    ISBN-10: 0-8225-3135-6 (pbk. : alk. paper)
      1. United States—Seal—Juvenile literature. 2. Bald eagle—United States—
Juvenile literature. 3. Emblems, National—United States—Juvenile literature.
4. Animals—Symbolic aspects—Juvenile literature. I. Title. II. Series.
CD5610.J3618 2006   2005007085
929.9—dc22

Fabricado en los Estados Unidos de América
1 2 3 4 5 6 – JR – 11 10 09 08 07 06

SPAN j929.92 JANGO- COH
El águila calva /
35000094971529
MAIN

¿Tienes un águila calva en tu bolsillo?

Si tienes un billete de un dólar, la respuesta es sí. Las águilas calvas también están en algunas monedas. ¿Por qué hay águilas calvas en nuestro dinero?

La historia comienza en 1776. Los estadounidenses luchaban por liberarse de Inglaterra.

Los estadounidenses no deseaban estar gobernados por el rey inglés. Querían ser libres para gobernar su propia **nación.**

Su nueva nación se convirtió en los
Estados Unidos de América.

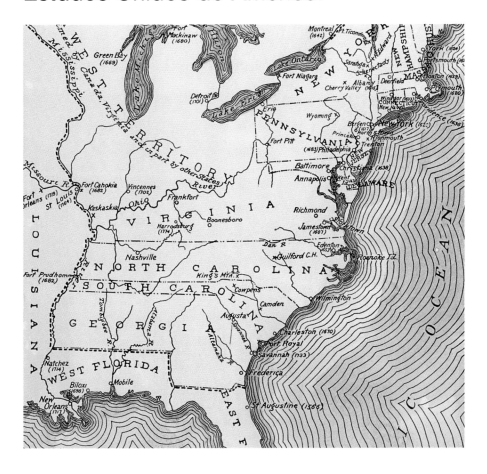

Los estadounidenses necesitaban un **símbolo** que representara su nueva nación. Algunas naciones tenían un dragón como su **símbolo nacional.** Otras tenían un león.

Los líderes estadounidenses eligieron al
águila calva como su símbolo nacional.
¿Por qué crees que eligieron al águila calva?

El águila calva es un ave que inspira orgullo.

Los Estados Unidos era una nueva y
orgullosa nación. El águila le mostraría
al mundo lo orgullosos que se sentían los
estadounidenses.

Las águilas calvas tienen la libertad de volar por todo el cielo.

El águila calva sería un símbolo de una
nueva nación libre.

Las águilas calvas tienen alas y garras fuertes.

Los Estados Unidos debería ser fuerte para permanecer libre. El águila calva representaría una nación fuerte, orgullosa y libre.

Ben Franklin pensaba que el pavo hubiese sido un mejor símbolo. Pero admitió que era un ave tonta.

La mayoría de los estadounidenses
pensaban que el águila calva era un buen
símbolo nacional. El Presidente George
Washington tenía águilas en sus botones.

En 1782, el águila se colocó en el **Gran Sello de los Estados Unidos.** El Gran Sello aparece en los papeles y cartas importantes de los Estados Unidos.

El águila calva sigue siendo nuestro símbolo nacional. Pero ahora parece más vieja y más valiente. Representa una nación más grande y más fuerte.

El **Sello Presidencial** también tiene un águila. Este sello representa al **presidente** de los Estados Unidos.

El águila también es el símbolo del correo de los Estados Unidos.

Puedes ver águilas en mástiles, edificios
y barcos. ¡Hasta hay un águila que voló
a la Luna!

Pero ése águila no era un ave. Era una **nave espacial** estadounidense llamada *Eagle*, que en inglés significa águila.

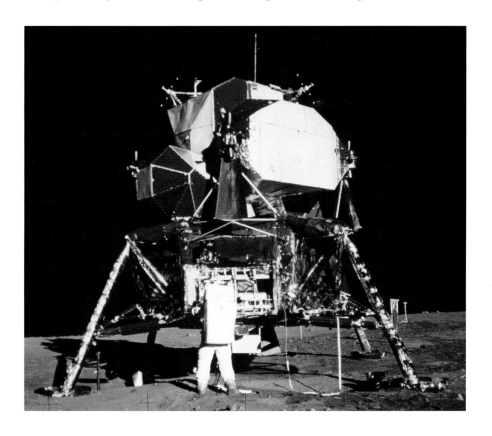

El 20 de julio de 1969 esta nave
espacial aterrizó en la Luna. Las
personas en la Tierra escucharon estas
palabras con orgullo: "El Águila aterrizó".

Los primeros líderes estadounidenses nunca soñaron que su águila fuera tan orgullosa, fuerte y libre.

Datos sobre el Águila Calva

- Las águilas calvas en realidad no son calvas. Sus cabezas están cubiertas de plumas blancas. En inglés, estas aves se llaman *bald eagles,* ya que *bald,* además de calvo, también significa "marcado con blanco".

- Las águilas calvas tienen alas fuertes. Pueden volar tan rápido como coches en una autopista. Cuando bajan en picada, vuelan aun más rápido.

- Las águilas calvas comen pescado y animales pequeños. También se alimentan de animales muertos. A veces, las águilas calvas roban la comida de otros animales. Tal vez sea por eso que Ben Franklin las llamaba malas y perezosas.

- Durante cientos de años, los indígenas han usado el águila calva como símbolo. Algunos ven a las águilas como símbolos de paz. Creen que las plumas del águila llevan oraciones al Creador.

- Los indígenas nootka hablan de un águila que puede transportar ballenas en el aire. Cuando el águila deja caer la ballena, escuchamos el sonido de un trueno.

Símbolos en el Gran Sello

Símbolo	Lo que representa
13 barras rojas y blancas........	los primeros 13 estados
13 olivas y hojas.................	los primeros 13 estados
13 flechas........................	los primeros 13 estados
constelación de 13 estrellas....	nación de 13 estados
rama de olivo.....................	poder para hacer la paz
flechas............................	poder para hacer la guerra
azul................................	justicia
rojo................................	valor
blanco............................	pureza

Más información acerca del Águila Calva

Libros

Bernhard, Emery and Durga. *Eagles: Lions of the Sky.* Nueva York: Holiday House, 1994.

Gibbons, Gail. *Soaring with the Wind: The Bald Eagle.* Nueva York: William Morrow, 1998.

Johnson, Linda Carlson. *Our National Symbols.* Brookfield, CT: Millbrook Press, 1992.

Martin-James, Kathleen. *Soaring Bald Eagles.* Minneapolis: Lerner Publications Company, 2001.

Morrison, Gordon. *Bald Eagle.* Boston: Houghton Mifflin, 1998.

Sitios Web

American Bald Eagle Information
http://www.baldeagleinfo.com

Geobop's Symbols
http://www.geobop.com/symbols/index.htm

The Great Seal of the United States of America
http://www.greatseal.com

Lugares donde viven las águilas calvas

Las águilas calvas sólo viven en América del Norte. Viven en espacios abiertos cerca de bosques y agua. Alaska, Florida y el valle del río Mississippí en la zona norte son buenos lugares para ver águilas calvas.

Glosario

águila calva: una gran ave cazadora. Las águilas calvas adultas tienen plumas blancas en la cabeza y en la cola.

Gran Sello de los Estados Unidos: la imagen que representa a los Estados Unidos de América. El sello aparece impreso en los papeles y cartas importantes de los Estados Unidos.

nación: un país

nave espacial: una máquina que viaja por el espacio

presidente: el dirigente de un país, como los Estados Unidos

Sello Presidencial: la imagen que representa al presidente de los Estados Unidos.

símbolo: un objeto que representa una idea, un país o una persona

símbolo nacional: la imagen que representa una nación

Índice

Agradecimientos de fotografías

Las fotografías en este libro han sido reproducidas con la autorización de: © Harry M. Walker, págs. 3, 9, 10, 12, 14, 17, 18; © Judith Jango-Cohen, pág. 4; North Wind Pictures, págs. 5, 6, 7, 8, 11, 13, 15, 16; Biblioteca del Congreso, págs. 19, 21, 29; Sociedad Estadounidense de Filosofía, pág. 20; Corbis, págs. 22, 26; Eliot Cohen, págs. 23, 24; NASA, pág. 25; Alan y Sandy Carey, pág. 27.

Fotografía de portada utilizada con la autorización de Alan y Sandy Carey.